OJOS DE ÚTERO AZUL

Rebeca Tejedor

COLECCIÓN ITES

OJOS DE ÚTERO AZUL

© Rebeca Tejedor Díaz
© de esta edición: Olé Libros, 2024

ISBN: 978-84-10053-70-0
Depósito legal: V-3148-2024
Impreso en España

KALOSINI, S. L.
Grupo editorial olélibros
equipo@olelibros.com
www.olelibros.com

A los tubérculos del pecho y a los erizos del alma.

También a los espejos.

¿Acaso bastarían unas manos
como violencia ajena al tacto,
serán tus yemas dientes
desgarrando el vientre de mi incomprensión?

Sobre fondo azul

[Quizá tú,
en la antesala de mi mundo
como boca que en mis ojos se entreabriera
y el pecho de rocío amaneciera

Quizá frotar a fuego la semilla
y ver el verbo abierto
aquí en la llama

tejer sobre el costado el horizonte
nacer quizá del hombre, ser costilla
que aguarda sobre el cuerpo
un tiempo nuevo

para morir después
sobre los párpados del sueño
en otra luz, sobre otro cuerpo.]

[Metáforas que como ascuas
los almendros
nostalgias hechas fruto entre los dedos
nombrándote quimera de la brea
que habita lo profundo
y se hace llaga.

Mientras allá violeta oscuro el horizonte
donde la hierbabuena crece fuerte
entre las uñas,
distal testigo de un gemido
tú que existes,
bajo la lámina ungueal
que hace milenios nos asiste.]

[¿Escuchas el gorjeo de las cenizas?
Sobre el pecho que hoy te aclama
nació un ángel
espiga que hecha brecha
en los temblores
pulsión hace silvestre a lo que hiere,

capullo de amapola
ya me naces
sostengo el mundo entero
porque arde.
Aunque no escuches.]

[Las cuerdas de la luz me lo dijeron,
     el mar
 solo es al pecho de la roca
latidos que cruzaron mil océanos
sabiéndose bahía entre la aurora

el arpa de su agua es solo mía

como ajenas primaveras
son tus huellas

fermentando las pisadas de mi tierra.]

[Contemplar biótica
la lejanía interespecífica
 de un señuelo

En su voz la luz
siendo luz sobre el bosquejo

Huella a huella
pisar con firmeza la Roca Madre

desistir
de entrever
costilla abierta.]

[Me prolongo en los destellos
y en el incandescente trino de jilgueros
me acerco a la matriz de tu coraza,
a sus salmos y plegarias

Sumergida en la naturaleza de mi pecho
un verso fugaz
es herido en tus ojos

deseo atrapado en el lenguaje tácito
de tus pasos
otorgar la propiedad del ave
 a los confines del canto

girar una y otra vez sobre la carne
                —te amo—

dentro de mi cuerpo tu cuerpo.]

[De cuando nada más allá de los cipreses
sonaba por encima de nosotros

como aullido blanco al fondo de los tímpanos,
los trenes
rompiendo los barrotes del silencio

habitaban frías luces
la intemperie

bailaban sus voces
sobre el vaho de los cristales

Larga es la espera
en las pupilas del asombro,
que ya fue
 ayer.

Ayer,
sobre los ojos.]

[Mirar cómo se agitan las costillas
y ver cómo me creces en el pecho
yemas, estambres, capullos y peciolos
al fondo en lo profundo está la vida

hinchada sobre la bruma
prados verdes
espigas que en palabras acontecen

palabras solamente, me dijiste
bordeando lo limítrofe del aire.

Lo limítrofe, dijiste.]

[Cuántas eternidades de lo efímero
dime cuántas las heridas
que cayeron de rodillas suplicando
que creyeras

¿Cuántas fueron? —no respondas—
No aún, no todavía...

Tú lo sabes
he nacido de tus alas
como el musgo nace prosa
sobre el poema de tierra.

Cuántas, dime
lo olvidaste...
Cuántas fueron las plegarias
que enraizados a la larva
nunca fueron mariposas

Dime ¿cuántas?
cuántas voces han de romperse
sobre el manto de crisálidas.]

[La catarsis del orgasmo
sobre la hoja en blanco
desborda sus orquídeas
sobre el aire

y cae el perfume de tu nombre
a tierra fértil
amor que entre los dedos se escribiera
como se escribe el alma
a veces de un poeta

y narra ya la carne sus sudores
y caen sobre la vulva
y la revientan
espasmos de palabras.
Savia blanca.]

[De cuando en los pezones
existió el mundo, te dije

y todas las palabras de su centro
partían para quebrarse
hacia tu boca

Porque todas las cosas al nombrarse
desgarran la placenta
    y después parten

Y porque todo lo de adentro
 sale hacia afuera

cópula sobre los índices del aire
germina en lo viscoso,

y nace el hambre.]

[Arraigados reflejos
de antiguos soles

Creabas ciudades, bosquejos
levantabas muros e inviernos

Ya no estabas.

Dime
—¿'Quién' son los lugares?—.]

[Todas las ciudades se destruyen
insatisfechas
de ingrávidos verdes, te dije

Los inocentes ojos no existen

abrieron ya sus piernas
a la negrura
de la última noche.]

[Otoño germinado en el costado
Amarillos de lengua crujiente

Oro puro
Nostálgico.

La amapola
otra vez.

Otra vez
nuevamente
seguiré tu verdad,

aunque no sangres.]

[El infierno se abre
sobre el rugir inhóspito
de las voces, te dije

los ojos ya no miran las bocas
que atrapadas en otras manos
tapan las palabras

Lo escuchas —Lo escucho—

Vendrá el silencio de mármol
será follaje de bosques.]

[La mano que tiembla de pecado se escribe
/senos blancos, sotanas de flores/
uñas de palabras solapando la carne

Falanges afiladas rasgando con filo
                    el velo de urdimbre

Desde las costillas hasta el bajo vientre
el mundo se abre,
sí, escúchenlo bien, que se abre...

«linaje de diosas
donde todas las mariposas duermen»

Pulgar sobre índice e insolencia
en corazón

«Fría es la cúspide que cruza Varsovia
sobre la piel del penitente»

Canta la membrana odas de salitre
que llore la nostalgia pétalos de azufre

Destino la noche de frente a la fuente
donde bebe la palma impolutos renglones

Umbilical métrica latiendo en el caño
gota sobre gota bosquejos de niebla
                    inundan los árboles

«Línea contralínea a los pies del margen»

Aureola en la boca
la nana salvaje

El grito,
El grito ya duerme.]

[Canto tu nombre
plantando la sombra
que te haga noche

Lánguida noche ya sin faroles
parco alumbramiento,
charco y espejo
más y más lejos

donde tu rostro muere
sin ser visto.]

[En el desorden de la ausencia
con los ojos llenos de claveles rojos
intervenidos por el crepuscular instante
que te nombra capullo sangrante
de los remolinos pasados

—Trepas por la espina dorsal
en busca del milagro inmediato—

Voladores de sueños sobre el tupido velo de la noche
antesala de un tiempo que siempre vuelve,

a buscarnos la boca.]

[Déjame
sed de amor
amor del sueño

noche abierta sostén mi llanto

Entrar en la vida
déjame, sombra altiva, creciente.

Triunfante.]

[Desde la comunión de mis ojos
hasta el centro de tu credo
toda la piel es repecho

levadura de otro tiempo, de otra hambre,
            —de otro misterio—

Calle mármol, hierro, noche fúnebre
los balcones y sus flores
testigos son de tu nombre
—aún creen que nos reconocen—
(destello)

ingenuo grito de luces
el instante descansa en mis manos
arde en su memoria el lenguaje.]

[Dijiste que toda verdad
esconde una mentira

Que tu verdad
era un latido
azul
aún dormido

Dijiste que mis manos
se hundirían en su sombra

que su tacto era el castigo
y mis yemas la caricia

Dijiste que entender es olvidar
que la lucha es el silencio

que los tallos son poemas
que mis dedos son poemas

que la noche
solo orilla

Que tu —ayer

Pupila azul
de la ciudad dormida.]

[Todo queda contenido en un aleteo,
te dije.
Sin embargo,
el aroma de las orquídeas
se desintegra
con el polvo seco
de la hoja altiva
en pleno desierto.

Sutil parpadeo
constante
lento.
Gramática del tacto
las voces del pasado
y ese cristal transparente
lleno de ojos,

mirándonos.

Esa intervención del infinito.
Esa fragilidad de lo eterno.

Ese nosotros,
abierto]

Azul

[«Olvídame amor
que yo me acuerde»
escribiste en la pared hostil
que levantada sobre los ojos melódicos
de la desnudez abierta
se llenaba de salmos

Mirar y verse, dijiste
en el origen primero
creyentes de la «cosa»

Y no ha nacido.]

[Oprimo entre mis labios
el jugo de esperanza
que haga aflorar al tallo

frías gotas de angustia
caen sobre el horizonte
y hacen mojar mi pecho
y hacen vapor tu nombre

debilidad la ausencia
de la presencia débil
que arde bajo la carne
de las palabras muertas.]

[Arranco la piel a la carne
como se arranca el eco del muerto
de los oídos del amor

Famélico es el espacio de moho
sobre el cuerpo

viejos sueños para siempre
tus mañanas
—ya no existes—

Nace sin tripas
nihilista hambre
hueco nuevo
acomodado de insomnio,

ya sin nombre.]

[Mi carne se acerca a la niebla de tu mano
—Oda de jilgueros los dedos temblando—

Soy la herida recta en tu pecho blanco
llaga de mil pálpitos sangrando.

Gemido de viento
inhóspito canto

mis pétalos rojos
tu cuerpo cruzando.]

[Frenético ritmo del suspiro

latencia que desplegando
las alas
emigra del cuerpo

sensación honda
de engendro

eufemismo de ola
en el hundimiento
estremecido.]

[Romper la oración del testamento
sin vacíos de amapolas
ni apóstoles nuevos

la mujer sola,

sola
en el alumbramiento.]

[Escribir era igual que sostener el alma
y elevar el plexo hasta llorar como un animal hambriento.
        —Todo se rompía dentro del cuerpo—

Me retabas a esquivar la línea azul petróleo
de los charcos
y olvidar el significado de los almendros
que florecían en las cunetas
como ángeles guardianes para mis ojos.

Escribir, escribir, escribir
Y yo escribía.

Escribía del mundo que vestía
el cuerpo con las yemas de sus manos
que leía anagramas de silencios
en el cielo
y palabras de ladrillo
sobre el pecho.

Escribir, escribir, escribir
hasta quedar petrificada
en una última gota de lluvia

        transformada en óxido.]

[No esperaba tu muerte
pero ha llegado.

El viento gélido sobre los vencidos
sopla lo abrigado

aliento dormido
enterrado duerme
despojado ya de manos

Atado,
sin esperarlo.]

[Cojo tu latido y lo desnudo

enjambres de lunares
reverberan como luciérnagas
en el carpelo de mi placenta

La vendimia del tacto resuena
como un eco en mis adentros

murmullos de corteza y viento
golpean el ábside de tu pecho

Caen las pupilas del mundo
sobre mi sueño dormido.]

[Lo lírico del velo cubriendo el verso
trágico instante en que el viento
aura de una sombra misteriosa
acaricia la tierra con una inquietud estática

plegaria de río
sobre los ojos abandonados
de la memoria

Oda
de glorioso cáliz
en la boca sedienta
de los sacrificios errantes.]

[Vaciar mis senos
de hembra en ojos de plomo

de sus pezones
emigraran las palabras
que sobran

derramarán sus gotas
sobre la boca muda.
—Escucha—

el mar es llaga.]

[De cuando —no olvides respirar— me dijiste
mientras yo miraba a la clavícula del día
con los ojos pegados a tus pulmones

Hacías círculos en la palma de mi mano
—abierto, cerrado— mientras tanto,
yo besaba el oxígeno de los suspiros silvestres
que nacían en los huecos diáfanos de tu frente.

—No te olvides— insististe.
La niebla se levantaba ya sobre tus costillas.
No lo oíste. Pero lo dije.
Llueve.]

[Abrir de piernas el corazón
goteando latidos
de riqueza,

hembra
mujer
costilla de Adán
soberbia menstruación
pecado primero

de amor concebido.]

[Alaridos de una emoción
que pare el llanto

cigoto del pasado
nostalgias que son páramo

Acude verbo
a la cópula de los almendros.

Lame mis ojos.]

[Ojos de útero, miradme
abierta y desgarrada
por los fórceps mudos de la noche

distocia de pronombres
cosidos
a guturales cantos
de pájaro, sobrevolando
Criando

donde murieron los peces.]

[Noche deshuesada
desprovista de nombres
y palabras
sujetando las paredes del útero,

carne de golondrina
nido caliente de vísceras
a los pies del embrión conmovido,
llorando

por los lugares antiguos.]

[Te miro
y veo el musgo
como prosa de tierra
humedecido

En las cavidades del páncreas
biliares flores
esbozan su manto

Exhala
amor,
su plexo aromático.]

[Despedazas ruinas
que fueron mapas

en el trémulo desierto
donde giraban las cabezas
vacías de palabras

Cráneos roídos
por la nostálgica
flor
de la memoria.

Y CRECE.]

[Sollozos decapitados
en el arpa de los antiguos molinos
que mecidos por el famélico viento,
traspasan la carne
y levantan los pálidos ojos
del muerto.

Perdona a la raíz
amor,
de los cipreses

y acógelos
en los años profundos
que se hunden.]

[La fotografía frente a los ojos
—estática de carne, estética del mundo— te dije.

Rostro que va tras la palabra
De ojos que van tras la palabra

Bocas conteniendo la palabra
Vaginas pariendo la palabra

clandestina semilla del tiempo
de la que crecerá un solo credo encarnado

amar, sobre lo amado.]

[Caen gotas intensas
como si el cielo hubiera estado conteniendo la nostalgia
durante mucho tiempo,
        —algo así siento por dentro—

Contención ininteligible seca y abrupta
como una Cynara.
Son las tres y cincuenta y seis —Sí, sigo aquí—
Precipitada sobre la nada que siempre me acoge.
Deslizada sobre el sonido frío
cruzando la transparencia amarga

del agua dilatada.]

[En los versos de mis ojos
pozo oscuro, sombrío, diáfano
tus ojos, abiertos.

Embriones de corazón.

Muertos.]

[Carne roja, cruda, brillante;

Soliloquio de vísceras
donde yacen las aves
que no fueron cielo

Objeto de materia
«la cosa» repetida

Veloz retrocede
la incoación.
Soldadura nos precede.]

[Comunicado de luz
diligencia ortodoxa
salmo inherente

Gozo fugaz que todo lo rompe.]

[Abro mis manos
con la bruma que custodia
a los arrojados

Cordón de vaho
anudado a mi vientre

despierta a la fiera épica
de mis dientes de leche.

¡Muerde!]

[He mirado mi sangre
a través de tus ojos

pálido azul sin aves ni sumarios

Recogimiento de nada acogido,
antesala de un vuelo al fondo de los ojos,
perdido.]

[Todos los morfemas
caen de mí
para llenarte a ti
sobre todos los espacios abiertos

Tertulia de ininteligible anatomía
devorando los infinitos blancos
del útero del tiempo.]

[Podría llamarte Nostalgia
hacerte lluvia
charco
lágrima

Incluso agua.

Dejarte fluir sobre mis ojos
en caudaloso azul profundo

Pasar mis dedos sobre tu espalda
como se acaricia la membrana
de una montaña

y quedar adherida al húmedo aliento
de tu pecho de musgo

Podría leerte sin adornos
y escribirte sin metáforas

Convertirte en llama, soplar el sueño
tragarme el humo
pero ¿arderías?]

[En la tierra nutrida de costas
donde los cuerpos
levitan muertos
doloridos de vida.

Si supieran que algún día
morirán, nacerían.]

[Golpean agujas de acero
sobre tambores de arena

traen la nostalgia del álamo
en tu corteza mis huellas

Ásperos párpados, olvido
Donde arañan las luciérnagas
el tierno velo del musgo

Sigiloso lodo, suspiro

Sangran latidos de bosque
tiemblan cenizas ajenas
en las alas de tu nombre.

Las pupilas se vuelan cartílago
Dios amor ven,
quédate quieto
dormido.

Allí donde el tiempo se ha roto
nace un sueño aún no vivido.
                    Azul.

        Azul de trigo.]

[Y retornar a la última
palabra
Ser fresno, río y acacia.

Beber del gesto primogénito
nacer del fuego
ser costilla

Desmantelar tu pecho
cavar un hoyo
meterme dentro

Y morir.
Morir latiendo.]

ÍNDICE

Sobre fondo azul

Azul